1

DE GEMAKKELIJKE GIDS VOOR BEGINNERS OM TE LEREN PROGRAMMEREN IN PYTHON.

Vrolijk

DE GEMAKKELIJKE GIDS VOOR BEGINNERS

OM TE LEREN PROGRAMMEREN IN PYTHON. 1

3

6

8

Inleiding tot Python

Python, een populaire programmeertaal op hoog niveau voor algemene doeleinden. Het is ontwikkeld door de Python Foundation nadat het in 1991 door Guido van Possum was gemaakt. Dankzij de programmeersyntaxis die is ontworpen om code gemakkelijker leesbaar te maken, kunnen programmeurs hun gedachten uiten met minder code.

De programmeertaal Python zorgt voor sneller werken en een succesvollere systeemintegratie.

De meest gebruikte versies van Python zijn Python 2 en Python 3. De twee zijn heel verschillend.
Twitter is een dynamische taal die wordt samengesteld en

geïnterpreteerd met behulp van bytecode. De typen variabelen, parameters, functies en methoden worden niet in de broncode gedeclareerd. Je offert tijdens het compileren typecontrole op in de broncode, maar dit resulteert in korte, flexibele code.

Beschrijft Python.

Guido van Possum ontwikkelde in de jaren tachtig de universele programmeertaal Python, die in 2023 de populairste programmeertaal ter wereld zal zijn omdat deze zeer flexibel, aanpasbaar en geschikt is voor beginners.

De meest gebruikte en gemakkelijkst te leren programmeertaal is Python. Het biedt een sterke gemeenschap en gespecialiseerde middelen, evenals een breed scala aan werkgelegenheidskansen in alle sectoren en beroepen. Volgens de PYPL- en TIOBE-ranglijsten heeft Python C overtroffen en is het vanaf juni 2023 de leidende programmeertaal geworden.

• Python is ontworpen voor een breed scala aan toepassingen en niet om specifieke problemen op te lossen, zoals:

• Automatisering, datawetenschap, webontwikkeling, softwareontwikkeling, analyse

Python is gemakkelijk te gebruiken en te onderwijzen.

Vanwege het gebruiksgemak en begrip is Python een geschikte keuze voor beginners. De taal heeft de eenvoudigste syntaxis van alle programmeertalen die tegenwoordig worden gebruikt, waardoor deze het meest toegankelijk is. Bovendien heeft natuurlijke taal voorrang op alle andere programmeertalen. Dankzij het gebruiksgemak en begrip van Python kun je veel sneller routines maken en uitvoeren dan met andere programmeertalen. De populariteit van Python is aanzienlijk gegroeid, deels dankzij het gemak waarmee programmeurs van alle niveaus code kunnen begrijpen en creëren.

Gebruik Python bij webontwikkeling

Volgens experts op het gebied van webontwikkeling wordt Python beschouwd als een van de nuttigste programmeertalen. De beschikbaarheid van de diverse applicaties met kant-en-klare oplossingen voor basistaken voor webontwikkeling verhoogt de snelheid van één enkel project.

Veelzijdige programmeertaal

Python staat bekend om zijn aanpassingsvermogen, waardoor het voor verschillende taken kan worden gebruikt. Laten we Python-gebruiksscenario's in meer detail verkennen.

Machine learning en datavisualisatie.

Python kan worden gebruikt om gegevens te visualiseren in de vorm van cirkeldiagrammen, histogrammen en staaf- en lijndiagrammen. Bovendien kunt u efficiënter met datawetenschap omgaan met behulp van Python-frameworks zoals Tensor Flow.

Analytische statistieken

Python maakt het eenvoudig om moeilijke statistische berekeningen uit te voeren en bespaart tijd en moeite tijdens de verwerking en evaluatie.

De taal wordt veel gebruikt in data science.

Welk pad ook wordt gekozen, data zullen belangrijk blijven voor de IT-sector. Momenteel wordt Python veel gebruikt in de datawetenschap.

Experts die moderne data-analysetechnologieën gebruiken, moeten zich vertrouwd maken met programmeertalen zoals Python, aangezien de hoeveelheid gegevens die door deze tools wordt gegenereerd elke dag toeneemt. Om te profiteren van de nieuwste geavanceerde technologieën moeten dataprofessionals ook op de hoogte blijven van de ontwikkelingen in de sector.

Een grote verscheidenheid aan gebouwen en bibliotheken.

Python is vooral populair omdat het ontwikkelaars toegang geeft tot tientallen verschillende modules en frameworks. Dankzij deze bibliotheken en raamwerken is de taal nuttiger omdat deze minder tijd kost. NumPy, SciPy, Django en andere bibliotheken, die voor verschillende toepassingen worden gebruikt, zijn enkele van de meest bekende Python-bibliotheken.

Automatiseer taken en scripts

Python is vooral handig als u de productiviteit wilt verhogen door repetitieve taken te automatiseren of te scripten. Met Python kun je verschillende dingen versnellen, waaronder

- Herken fouten
- bestanden omzetten
- Verzonden e-mails
- Ontdekking van inhoud op internet
- Eliminatie van overtollige gegevens
- rudimentaire wiskundige berekening

Machine learning-tools kunnen Python gebruiken.

Python wordt gebruikt in onderzoek naar big data en machine learning om deze velden vooruit te helpen. Python is zeer nuttig in de kunstmatige intelligentie-industrie en wordt ook gebruikt in datawetenschap, robotica en andere gebieden van technologische groei.

Python in het onderwijs

In universitaire opleidingen wordt steeds meer nadruk gelegd op taal. Python wordt vaak gebruikt op gebieden als datawetenschap, kunstmatige intelligentie, deep learning en andere, wat verklaart waarom. Bovendien is het van cruciaal belang dat scholen en bedrijven de taal in hun leerplannen integreren, aangezien een groot aantal studenten van plan is werk te zoeken in de technologiesector.

Routinetaken

Python zou ook niet-programmeurs, zoals socialemediamanagers en journalisten, kunnen helpen door hun gebruikelijke taken te vereenvoudigen. Python kan onder meer worden gebruikt om voorraadlijsten automatisch bij te werken, gegevens van tekstbestanden naar spreadsheets te verplaatsen en voorraadwaarden bij te houden.

Mogelijk gemaakt door Iota is het Internet of Things (Iota) een enorm netwerk van onderling verbonden apparaten en technologieën die communicatie tussen apparaten en de cloud mogelijk maken. Bekende voorbeelden van Iota zijn:

Het slimme huis

Activity tracker voor verbonden voertuigen

Draagbare technologie met augmented reality.

Voor een zeer liefdadige gemeenschap.

Eén van de oudste en meest populaire programmeertalen sindsdien. Hierdoor heeft hij een levendige gemeenschap van ontwikkelaars en programmeurs kunnen creëren. Studenten die Python studeren, krijgen de ondersteuning die ze nodig hebben om gemakkelijk de in de branche vereiste vaardigheden te leren en de juiste training te krijgen.

Continuïteit en flexibiliteit

Python is een flexibele taal die programmeurs veel ruimte geeft om nieuwe ideeën uit te proberen.

Python-experts zullen geen genoegen nemen met de status quo; Ze zullen proberen nieuwe processen, technologieën of toepassingen te ontwikkelen. Ontwikkelaars kunnen zich concentreren op het leren van één enkele taal en het beste uit hun vaardigheden halen, waardoor ze de onafhankelijkheid en flexibiliteit krijgen die ze nodig hebben.

Installatie- en configuratiehandleiding voor Python 3

Python-integratie op Windows

Er zijn vijf installatietechnieken op Windows:

Google App Store

De volledige Linux-installatie voor het Windows-subsysteem.

In dit gedeelte leert u hoe u kunt controleren of Python op uw Windows-computer is geïnstalleerd. Ook leert u welke van de drie installatietechnieken u moet kiezen. Voor meer gedetailleerde installatie-instructies, zie de tutorial "Uw Jingo-coderingsomgeving op Windows: Installatie".

Hoe u uw Python-versie op Windows kunt bepalen

Om te bepalen of Danto al op uw Windows-pc is geïnstalleerd, gebruikt u opdrachtregelsoftware zoals PowerShell.

Als tip: hier leest u hoe u PowerShell start:

Druk op Win en typ PowerShell om aan de slag te gaan.

Steek de sleutel erin.

Door met de rechtermuisknop op de Start-knop te klikken, kunt u kiezen tussen Windows PowerShell en Azure PowerShell (Admin).

U kunt ook Windows Terminal of cmd.exe gebruiken.

Opmerking: Zie De terminal gebruiken in Windows voor meer

informatie over Windows-terminalopties.

Open de opdrachtregel, typ de volgende opdracht en druk op Enter:

het commando "python --Python versie 3.8.4"
U kunt de geïnstalleerde versie zien met de optie --version. Als alternatief kunt u de optie -V gebruiken:

Python -V 3.8.4 is te vinden in C:
Hoe dan ook, als u een versie ziet die lager is dan 3.8.4, wat de nieuwste versie was op het moment dat dit artikel werd geschreven, moet u uw installatie bijwerken.

Met de twee bovenstaande instructies wordt de Microsoft Store gestart en gaat u naar de Python-apppagina als u nog geen versie van Python op uw computer hebt geïnstalleerd. In het volgende deel leert u hoe u de Microsoft Store-installatie voltooit.

Als je nieuwsgierig bent, kun je de opdracht Where.exe in PowerShell of cmd.exe gebruiken om het installatiepad te vinden:

Wat is de syntaxis in Python?

Alle principes die worden gebruikt om zinnen te construeren in Python-programmering worden gedefinieerd door Python-syntaxis.

Om bijvoorbeeld de Engelse taal te begrijpen, moeten we grammatica bestuderen. Op dezelfde manier moet je, om de Python-taal onder de knie te krijgen, eerst de grammatica ervan bestuderen en begrijpen.

Een voorbeeld van syntaxis in Python

De duidelijke grammaticale structuur van Python draagt bij aan zijn populariteit.

Je kunt een idee krijgen van hoe programmeren in Python eruit ziet door snel een eenvoudige Python-applicatie te bekijken.

Gebruik een eenvoudig Python-programma om te controleren of iemand stemgerechtigd is.

print("Voer uw naam in:") nadat u de gebruikersnaam heeft verkregen.

Haal de leeftijd van de gebruiker op print("Voer uw leeftijd in:") naam = input()

leeftijd is gelijk aan int (input())

Indien (leeftijd >= 18), bepaal of de gebruiker geautoriseerd is of niet:

print(naam, "kan stemmen".

Alternatief: print(naam, 'niet stemgerechtigd.')

Python-datastructuren

afhankelijk van de situatie sneller toegankelijk. Het fundamentele onderdeel van elke programmeertaal en de basis van elke lijst.

Het programma is de datastructuur. Python is gemakkelijker te leren dan andere programmeertalen als het gaat om het begrijpen van de principes van deze datastructuren.

Lijsten in Python zijn net als tabellen in andere talen, dat wil zeggen verzamelingen gegevens die op een ordelijke manier worden gepresenteerd. Een lijst is zeer flexibel omdat de componenten niet van hetzelfde type hoeven te zijn. Lijsten in Python zijn vergelijkbaar met vectoren in C++ of lijsten met matrices in Java. De duurste actie is het toevoegen of verwijderen van een lid bovenaan de lijst, omdat alle componenten moeten worden verplaatst. De kosten voor het verwijderen of invoegen aan het einde van de lijst kunnen stijgen als het nieuw toegewezen RAM volledig is uitgeput.

Maak ter illustratie een Python-lijst

Lijst = print(Lijst) [1, 2, 3, "GFG", 2.3].

tupel

Een Python-tupel is een verzameling Python-objecten, vergelijkbaar met een lijst, behalve dat tupels inherent onveranderlijk zijn, wat betekent dat hun componenten niet kunnen worden gewijzigd of toegevoegd zodra ze zijn gegenereerd . Een tupel kan componenten van verschillende typen hebben, vergelijkbaar met een lijst.

Het gebruik van een "komma" om een reeks waarden te verdelen, met of zonder haakjes om de reeks gegevens te ordenen, creëert een tuple in Python.

Het is ook mogelijk om tupels van één enkel element te maken, maar dit is moeilijker. Eén element tussen vierkante haken is niet voldoende; Om het naar een tupel te converteren, is de volgende "komma" vereist.

Voorbeeld: **Python-tupelbewerkingen.**

Strings worden gebruikt om een tuple te maken.
Tuple = ('Geeks', 'For')
print("Gebruik een string in een tuple:")
afdrukken (tupels)

List1 = [1, 2, 4, 5, 6] print("Tuple met behulp van Lijst:") maakt een tupel aan met behulp van een lijst.
Tuple is gelijk aan Tuple (lijst1).

# Gebruik indexering om toegang te krijgen tot een printelement ("Eerste element van tupel")
print(Tupel[0])

Toegang tot het laatste element van een tupel met behulp van negatieve indexering print("Laatste element van tuple") print(Tuple[-1])

print ("Derde voorlaatste element van de Tuple")
afdrukken (tupel[-3])
Python-reeksarrays van bytes die Unicode-tekens vertegenwoordigen, vormen tekenreeksen. Een string kan worden beschouwd als een onveranderlijke verzameling karakters. Een enkel teken in Python is slechts een reeks met lengte 1, omdat er geen tekengegevenstype is.

Omdat kanalen niet kunnen worden bewerkt, wordt er een nieuw kanaal gemaakt.

Soorten Python-operators: De programmeertaal Python ondersteunt de volgende typen operators.

Vergelijkingsoperatoren (relatieoperatoren) voor rekenkunde
Taakoperator
Slimme operators
Bit-operatoren
Seizoenkaarthouders
Individuele exploitanten
Laten we elke operator eens kort bekijken.

Rekenkundige operatoren in Python

Operators uitgevoerd door Python. Deze bewerkingen omvatten optellen, aftrekken, vermenigvuldigen, delen, modulus, blootstellingen en minimale delingen.

Voorbeeld van operatornaam + optelling Trek 10 af van 20 om 30 te krijgen. Vermenigvuldiging: 20 - 10 = 10 Deling van 10 * 20 = 20020/10 = 2% Aardmodulusverdeling 22% 10 = 2 Exponent 4 ** 2 = 169/ /2 = 4

Vergelijkingsoperatoren in Python

De waarden aan beide kanten van een vergelijkingsoperator in Python worden vergeleken om hun relatie te bepalen. Vergelijkingsoperatoren zijn een andere naam voor hen.

Deze operatoren zijn gelijk aan, niet gelijk aan, groter dan, kleiner dan, groter dan of gelijk aan, en kleiner dan of gelijk aan.

Voorbeeld operatornaam != Niet gelijk aan 4 != 5 is waar. == Hetzelfde als 4 == 5 is niet waar. Dit is niet waar: groter dan 4 > 5.
Minder dan 4 van de 5 zijn waar. Het is niet waar dat 4 >= 5 of groter dan of gelijk aan 4 is.
Als 4 kleiner is dan of gelijk is aan 5, dan is 5.

Toewijzingsoperatoren in Python
Aan variabelen kunnen waarden worden toegewezen met behulp van Python-toewijzingsoperatoren. Deze operatoren omvatten basisoperatoren voor toewijzing, maar ook operatoren voor optellen, aftrekken, vermenigvuldigen, delen en toewijzen.

Een voorbeeld van een operatornaam is "toewijzing". Toekenning a += 5 (Gelijk aan a = a + 5) Operator a = 10 +

Aftrekkingsprobleem: a -= 5 (is gelijk aan = a - 5)

Vermenigvuldigingsprobleem: a *= 5 (is gelijk aan = a * 5)

Deelprobleem: a = a/5 (ook wel a = a/5 genoemd)

Toewijzing %= resterend a%= 5 (gelijk aan aa = a%)

Wijs de exponent aa = 2 toe (ook bekend als a = a**2)

Toekenning van de verdeling van het vlak gelijk aan 3 (d.w.z. a = a // 3)

Bitwise-operatoren in Python

Bitwise-operatoren werken beetje bij beetje en manipuleren bits. Laten we het geval bekijken waarin a = 60 en b = 13. In dit geval zouden hun waarden in binaire vorm respectievelijk 0011 1100 en 0000 1101 zijn. De bitsgewijze operatoren die zijn toegestaan in de Python-taal worden in de onderstaande tabel vermeld, samen met een voorbeeld. decennium. We gebruiken de twee hierboven genoemde variabelen (a en b) als operanden.

Logische operators in Python

De programmeertaal Python ondersteunt de volgende logische operatoren. Stel dat variabele a 10 bevat en variabele b 20 bevat,

Associatieoperatoren in Python

Associatieoperatoren in Python controleren op een reeks elementen, zoals tekenreeksen, lijsten of tupels. Zoals hieronder beschreven, zijn er twee abonnementsoperatoren.

Formulieren

Een Python-bestand met het achtervoegsel.py dat in een ander Python-programma kan worden geïmporteerd, wordt een module genoemd.

De modulenaam wordt vervangen door de Python-bestandsnaam.

1) Klassendefinities en hun implementatie zijn opgenomen in de module. 2) variabelen; en 3)

Functies die intern kunnen worden gebruikt.

Het werken met modules maakt de code herbruikbaar, wat een voordeel is van modules.
Eenvoud: In plaats van zich te concentreren op het hele onderwerp, concentreert de module zich op een klein aspect ervan.
Bereik: Om ID-conflicten te voorkomen, specificeert een module een unieke naamruimte.

Configureer een formulier

Maak een formulier met één enkele functie
Deze software maakt een functie met de naam "Module" en slaat deze op in een bestand met de naam

Yashi.py (de bestandsnaam plus het achtervoegsel .py).

Maak een formulier met meerdere functies.

We hebben in deze toepassing vier functies ontwikkeld: optellen, vermenigvuldigen, aftrekken en delen.

Geef het document een naam Operations.py

Kenmerken

Een functie is een stukje code dat alleen wordt uitgevoerd als het wordt aangeroepen. U kunt parameters (gegevens) aan een functie opgeven.

Daarom kan een functie gegevens retourneren.

Diverse functies

1. Aangepaste functies: Aangepaste functies zijn functies die we ontwikkelen om een specifieke taak uit te voeren.

Zoals je kunt zien in het Yashi.py-voorbeeldbestand hierboven, hebben we onze eigen functie gemaakt om enkele bewerkingen uit te voeren.

Voordelen van aangepaste functies

Aangepaste functies maken programma's gemakkelijker te begrijpen, te onderhouden en te debuggen door ze op te delen in beheersbare secties.

wanneer een programma repetitieve code heeft. Deze programma's kunnen in een functie worden geplaatst die indien nodig kan worden opgeroepen voor uitvoering.

Leg de term 'objectgeoriënteerd programmeren' uit.

Het objectgeoriënteerde programmeerparadigma (OOP) voor computerprogrammering organiseert softwareontwerp rond gegevens of objecten, in plaats van functies en logica. Een gegevensveld dat bepaalde kenmerken en gedragingen vertoont, wordt een object genoemd.

In OOP ligt de nadruk meer op de objecten die programmeurs willen manipuleren dan op de logica die daarvoor nodig is. Applicaties die complex en groot zijn en regelmatig worden bijgewerkt of onderhouden, zijn zeer geschikt voor deze ontwikkelstijl. Dit omvat ontwerp- en productiesoftware en mobiele apps. Systeemsimulatiesoftware kan bijvoorbeeld worden gemaakt met behulp van objectgeoriënteerd programmeren.

Vanwege de structuur van objectgeoriënteerde software is de strategie voordelig bij gezamenlijke ontwikkeling wanneer projecten in groepen worden verdeeld. Objectgeoriënteerd programmeren biedt ook voordelen op het gebied van efficiëntie, schaalbaarheid en hergebruik van code.

Wat houdt Python-bestandsbeheer in?

Naast het maken, openen, toevoegen, lezen en schrijven ondersteunt Python ook...

Bestandsbeheer is een veel voorkomende taak bij het programmeren. De ingebouwde methoden van Python voor het genereren, openen en sluiten van bestanden vereenvoudigen het bestandsbeheer. Wanneer een bestand wordt geopend, staat Python ook verschillende acties toe op het bestand, zoals het lezen, schrijven of toevoegen van gegevens.

Hoe gaat Python om met bestandsbewerkingen?

- Gebruik de open()-methode van Python om een bestand te openen
- "r": Deze modus geeft aan dat het bestand alleen beschikbaar is om te lezen.
- De "w"-modus geeft aan dat het bestand alleen geopend is om te schrijven. ...
- De uitvoer van dit programma wordt toegevoegd aan de vorige uitvoer van dit bestand, zoals aangegeven door modus "a".

Wat is debuggen en foutafhandeling?

Daarom is foutafhandeling een manier om te voorkomen dat een potentieel verwoestende fout een programma stopt. In plaats daarvan kan uw applicatie de gebruiker op een veel gebruiksvriendelijkere manier waarschuwen wanneer er een probleem optreedt, terwijl u nog steeds de controle over het programma behoudt.

Wat bedoel je met foutafhandeling?

Foutafhandeling bij het ontwerp van de compiler

Eventuele problemen moeten worden gedetecteerd en gerapporteerd aan de gebruiker. Vervolgens moet u een herstelplan ontwikkelen en implementeren om het probleem op te lossen. De verwerkingssnelheid van het programma mag tijdens het hele proces niet laag zijn. Foutdetectie is een functie van een foutafhandelaar.

Wat zijn API's en bibliotheken?

Een bibliotheek is een verzameling applicaties die samen gerelateerde taken of hetzelfde werk in groepen uitvoeren. Simpel gezegd ziet een bibliotheek eruit als een groot stuk code. Een API is de interface die u gebruikt om te communiceren met een ander systeem, wat een bibliotheek kan zijn. Een API wordt over het algemeen gezien als een groep methoden en functionaliteiten.

Wat houdt het gebruik van API's in?

Maar we zijn zo blij dat je het vraagt! API's zijn een essentieel onderdeel van onze digitale wereld en zorgen elke minuut van de dag voor miljarden digitale ervaringen. De afkorting API staat voor

"Application Programming Interface". API's zijn een soort software-interface waarmee twee applicaties kunnen communiceren.

Python-gegevensanalyse

Data-analyse is het proces van het verzamelen, verwerken en organiseren van gegevens om voorspellingen te doen over de toekomst en weloverwogen beslissingen te nemen op basis van de gegevens. Het is ook nuttig om mogelijke antwoorden op zakelijke problemen te onderzoeken. Data-analyse is onderverdeeld in zes fasen. Als volgt:

Gegevensverzoeken aanvragen of faciliteren

Gegevensvoorbereiding of - verzameling, opschoning, verwerking, analyse, delen, rapportage.

- Wat zijn de zeven stappen van data-analyse?
- Om de gegevens correct te evalueren, volgt u deze stappen:
- Bepaal een doel. Bepaal eerst de belangrijkste doelen en doelstellingen van uw data-analyse.
- Selecteer het juiste type gegevensanalyse dat u wilt gebruiken.
- Bepaal een strategie voor gegevensverzameling.
- Verzamel gegevens en maak deze schoon.

- Analyseer de informatie.
- Zie informatie.
- Beschrijvend onderzoek.

Hoe kun je Python gebruiken om toegang te krijgen tot SQL?

Met het ODBC-stuurprogramma voor SQL Server kunt u vanuit Python verbinding maken met SQL Server.

Eerst inloggen. pock nan = pyodbc.connect

import('DRIVER=Dearth ODBC Driver voor SQL Server'; Server: Mijn server; Database: Mijn database; Poort: Mijn poort; Gebruikers-ID: Mijn Ushered; Wachtwoord: Mijn wachtwoord overschrijdt ')

De tweede stap is het invoegen van een regel.

Stap drie: Voer de query uit.

Hoe krijgt Python toegang tot een MySQL-database?

Python-verbinding met een MySQL-database

Installeer de inlogmodule voor MySQL. Python MySQL-verbinding kan worden geïnstalleerd met behulp van het pip-commando.

Installeer de MySQL-inlogmodule.

Gebruik de connect() techniek.

Gebruik de Cursor()-functie.

Gebruik de run() functie.

Haal het resultaat op met fetchall().

Sluit de verbindings- en cursorobjecten.

Heeft Python zijn plaats in webontwikkeling?

Met Python kunnen webontwerpers websites maken met behulp van verschillende programmeerparadigma's. Het is bijvoorbeeld geschikt voor zowel functioneel programmeren (FP) als objectgeoriënteerd programmeren (OOP). In ons artikel over FP en OOP worden de verschillen tussen beide uitgelegd.

Python is een prachtige taal. De regels zijn kort, eenvoudig en leuk om te leren. Hoewel het een populaire keuze is voor beginners, is Python ook krachtig genoeg om enkele van 's werelds bekendste producten en applicaties uit te voeren van onder meer NASA, Google, IBM, Cisco, Microsoft en Industrial Light & Magic .

Python onderscheidt zich op verschillende gebieden, waaronder webontwikkeling. De vele raamwerken die in Python worden aangeboden zijn onder meer Bottle.py, Flask, CherryPy, Pyramid, Django en web2py. Deze raamwerken worden gebruikt door enkele van de meest populaire websites ter wereld, waaronder Yelp, Mozilla, Reddit, Washington Post en Sportily. De lessen en artikelen in dit gedeelte behandelen de benaderingen voor het ontwikkelen van webapplicaties in Python, met de nadruk op het ontwikkelen van haalbare oplossingen voor problemen waar gewone mensen echt hulp bij nodig hebben.

Voordelen van Python

- Python is gemakkelijk te gebruiken en te leren voor nieuwe gebruikers. Deze programmeertaal op hoog niveau heeft een syntaxis die vergelijkbaar is met het Engels. Deze factoren maken de taal gemakkelijker te leren en aan te passen. Vergeleken met Java en C heeft Python minder regels code nodig om hetzelfde resultaat te bereiken. Python-concepten kunnen sneller worden toegepast dan die in andere talen, omdat ze gemakkelijker te leren zijn.
- Verbeterd resultaat: Python-taal is behoorlijk efficiënt. Dankzij de eenvoud kunnen ontwikkelaars zich

concentreren op het oplossen van Python-problemen. Er wordt meer werk verzet omdat gebruikers geen uren hoeven te besteden aan het bestuderen van de syntaxis en functies van de programmeertaal.

- Flexibiliteit: Gebruikers kunnen nieuwe dingen proberen omdat deze taal zeer veelzijdig is. Gebruikers kunnen verschillende nieuwe soorten applicaties maken met behulp van de programmeertaal Python. De taal belet de gebruiker niet om unieke dingen te ervaren. Python wordt in bepaalde contexten vaker gebruikt dan andere programmeertalen omdat het meer vrijheid en flexibiliteit biedt.

- Grote bibliotheek: Bij gebruik van Python heeft de gebruiker toegang tot een enorme bibliotheek. De uitgebreide standaardbibliotheek van Python bevat vrijwel alle functies die u nodig heeft. Dit is te danken aan de krachtige steun van de lokale gemeenschap en bedrijfsfinanciering. Python-gebruikers gebruiken geen externe bibliotheken.

- is vele jaren geleden ontwikkeld en heeft een gevestigde community die ontwikkelaars van alle ervaringsniveaus kan helpen, van beginners tot experts.

Ontwikkelaars kunnen de programmeertaal Python sneller en grondiger leren met de uitgebreide handleidingen, tutorials en documentatie van de taal. Dankzij de ondersteunende gemeenschap is Python sneller gegroeid dan andere talen.

De nadelen van Python

We hebben al verschillende redenen gezien waarom Python een haalbare optie is voor uw project. Maar als je voor deze weg kiest, moet je ook de resultaten in de gaten houden.

- Laten we nu eens kijken naar de beperkingen van Python in vergelijking met andere talen.

- Snelheidslimieten
- Zoals we hebben gezien, wordt Python-code regel voor regel uitgevoerd. Omdat Python echter een geïnterpreteerde taal is, zijn de prestaties vaak traag.

- Tenzij snelheid een belangrijk ontwerpelement is, is dit echter geen probleem.

- 2. Slechte browsers en mobiel computergebruik
- Python is een geweldige taal aan de serverkant, maar komt veel minder vaak voor aan de clientkant.

- Bovendien wordt het zelden gebruikt om smartphoneapps te maken. De Carbonnelle-app is hiervan een voorbeeld.

- Ondanks de aanwezigheid van Brython is het minder bekend vanwege een gebrek aan adequate beveiliging.

- Ontwerpbeperkingen
- Zoals je weet gebruikt Python dynamisch typen. Daarom hoeft u het variabeletype niet te definiëren bij het schrijven van de code.

- Klop met een eend. Maar wat is dit? Simpel gezegd betekent dit dat alles wat op een eend lijkt, er één moet zijn.

- Hoewel dit het coderen voor programmeurs vereenvoudigt, kunnen er runtimefouten optreden.

- 4. Onvoldoende toegang tot de database
- De databasetoegangslagen van Python zijn enigszins onvolwassen vergeleken met meer populaire technologieën zoals JDBC (Java DataBase Connectivity) en ODBC (Open DataBase Connectivity).

- Dit betekent dat het bij grotere bedrijven minder vaak wordt gebruikt.

- 5. Basis
- Nee, we maken geen grapje. De eenvoud van Python kan

een nadeel zijn. Denk eens na over wat ik deed. Ik ben meer geïnteresseerd in Python dan in Java.